TODAY

IS THE ONLY TIME WE CAN POSSIBLY LIVE

SCHEDULE

6AM
_____

7AM
_____

8AM
_____

9AM
_____

10AM
_____

11AM
_____

12AM
_____

1PM
_____

2PM
_____

3PM
_____

4PM
_____

5PM
_____

6PM
_____

7PM
_____

TODAY'S TASKS

_____

_____

_____

_____

_____

_____

NOTES

_____

_____

_____

_____

_____

_____

TODAY

IS THE ONLY TIME WE CAN POSSIBLY LIVE

SCHEDULE

6AM

7AM

8AM

9AM

10AM

11AM

12AM

1PM

2PM

3PM

4PM

5PM

6PM

7PM

TODAY'S TASKS

NOTES

TODAY

IS THE ONLY TIME WE CAN POSSIBLY LIVE

SCHEDULE

6AM
_____

7AM
_____

8AM
_____

9AM
_____

10AM
_____

11AM
_____

12AM
_____

1PM
_____

2PM
_____

3PM
_____

4PM
_____

5PM
_____

6PM
_____

7PM
_____

TODAY'S TASKS

_____
_____
_____
_____
_____

NOTES

_____
_____
_____
_____
_____

TODAY

IS THE ONLY TIME WE CAN POSSIBLY LIVE

SCHEDULE

6AM

7AM

8AM

9AM

10AM

11AM

12AM

1PM

2PM

3PM

4PM

5PM

6PM

7PM

TODAY'S TASKS

NOTES

TODAY

IS THE ONLY TIME WE CAN POSSIBLY LIVE

SCHEDULE

6AM

_____

7AM

_____

8AM

_____

9AM

_____

10AM

_____

11AM

_____

12AM

_____

1PM

_____

2PM

_____

3PM

_____

4PM

_____

5PM

_____

6PM

_____

7PM

_____

TODAY'S TASKS

_____

_____

_____

_____

_____

NOTES

_____

_____

_____

_____

_____

TODAY

IS THE ONLY TIME WE CAN POSSIBLY LIVE

SCHEDULE

6AM

7AM

8AM

9AM

10AM

11AM

12AM

1PM

2PM

3PM

4PM

5PM

6PM

7PM

TODAY'S TASKS

NOTES

TODAY

IS THE ONLY TIME WE CAN POSSIBLY LIVE

SCHEDULE

6AM	1PM
7AM	2PM
8AM	3PM
9AM	4PM
10AM	5PM
11AM	6PM
12AM	7PM

TODAY'S TASKS

NOTES

TODAY

IS THE ONLY TIME WE CAN POSSIBLY LIVE

SCHEDULE

6AM _____

7AM _____

8AM _____

9AM _____

10AM _____

11AM _____

12AM _____

1PM _____

2PM _____

3PM _____

4PM _____

5PM _____

6PM _____

7PM _____

TODAY'S TASKS

_____

_____

_____

_____

_____

_____

NOTES

_____

_____

_____

_____

_____

_____

TODAY

IS THE ONLY TIME WE CAN POSSIBLY LIVE

SCHEDULE

6AM
_____

7AM
_____

8AM
_____

9AM
_____

10AM
_____

11AM
_____

12AM
_____

1PM
_____

2PM
_____

3PM
_____

4PM
_____

5PM
_____

6PM
_____

7PM
_____

TODAY'S TASKS

_____
_____
_____
_____
_____

NOTES

_____
_____
_____
_____
_____

TODAY

IS THE ONLY TIME WE CAN POSSIBLY LIVE

SCHEDULE

6AM
_____

7AM
_____

8AM
_____

9AM
_____

10AM
_____

11AM
_____

12AM
_____

1PM
_____

2PM
_____

3PM
_____

4PM
_____

5PM
_____

6PM
_____

7PM
_____

TODAY'S TASKS

_____
_____
_____
_____
_____
_____

NOTES

_____
_____
_____
_____
_____

TODAY

IS THE ONLY TIME WE CAN POSSIBLY LIVE

SCHEDULE

6AM

7AM

8AM

9AM

10AM

11AM

12AM

1PM

2PM

3PM

4PM

5PM

6PM

7PM

TODAY'S TASKS

NOTES

TODAY

IS THE ONLY TIME WE CAN POSSIBLY LIVE

SCHEDULE

6AM
_____

7AM
_____

8AM
_____

9AM
_____

10AM
_____

11AM
_____

12AM
_____

1PM
_____

2PM
_____

3PM
_____

4PM
_____

5PM
_____

6PM
_____

7PM
_____

TODAY'S TASKS

_____
_____
_____
_____
_____
_____

NOTES

_____
_____
_____
_____
_____
_____

TODAY

IS THE ONLY TIME WE CAN POSSIBLY LIVE

SCHEDULE

6AM

7AM

8AM

9AM

10AM

11AM

12AM

1PM

2PM

3PM

4PM

5PM

6PM

7PM

TODAY'S TASKS

NOTES

TODAY

IS THE ONLY TIME WE CAN POSSIBLY LIVE

SCHEDULE

6AM

7AM

8AM

9AM

10AM

11AM

12AM

1PM

2PM

3PM

4PM

5PM

6PM

7PM

TODAY'S TASKS

NOTES

TODAY

IS THE ONLY TIME WE CAN POSSIBLY LIVE

SCHEDULE

6AM

7AM

8AM

9AM

10AM

11AM

12AM

1PM

2PM

3PM

4PM

5PM

6PM

7PM

TODAY'S TASKS

NOTES

TODAY

IS THE ONLY TIME WE CAN POSSIBLY LIVE

SCHEDULE

6AM
_____

7AM
_____

8AM
_____

9AM
_____

10AM
_____

11AM
_____

12AM
_____

1PM
_____

2PM
_____

3PM
_____

4PM
_____

5PM
_____

6PM
_____

7PM
_____

TODAY'S TASKS

_____
_____
_____
_____
_____

NOTES

_____
_____
_____
_____
_____

TODAY

IS THE ONLY TIME WE CAN POSSIBLY LIVE

SCHEDULE

6AM

7AM

8AM

9AM

10AM

11AM

12AM

1PM

2PM

3PM

4PM

5PM

6PM

7PM

TODAY'S TASKS

NOTES

TODAY

IS THE ONLY TIME WE CAN POSSIBLY LIVE

SCHEDULE

6AM

_____

7AM

_____

8AM

_____

9AM

_____

10AM

_____

11AM

_____

12AM

_____

1PM

_____

2PM

_____

3PM

_____

4PM

_____

5PM

_____

6PM

_____

7PM

_____

TODAY'S TASKS

_____

_____

_____

_____

_____

_____

NOTES

_____

_____

_____

_____

_____

_____

TODAY

IS THE ONLY TIME WE CAN POSSIBLY LIVE

SCHEDULE

6AM
_____

7AM
_____

8AM
_____

9AM
_____

10AM
_____

11AM
_____

12AM
_____

1PM
_____

2PM
_____

3PM
_____

4PM
_____

5PM
_____

6PM
_____

7PM
_____

TODAY'S TASKS

_____
_____
_____
_____
_____

NOTES

_____
_____
_____
_____
_____

TODAY

IS THE ONLY TIME WE CAN POSSIBLY LIVE

SCHEDULE

6AM

7AM

8AM

9AM

10AM

11AM

12AM

1PM

2PM

3PM

4PM

5PM

6PM

7PM

TODAY'S TASKS

NOTES

TODAY

IS THE ONLY TIME WE CAN POSSIBLY LIVE

SCHEDULE

6AM

7AM

8AM

9AM

10AM

11AM

12AM

1PM

2PM

3PM

4PM

5PM

6PM

7PM

TODAY'S TASKS

NOTES

TODAY

IS THE ONLY TIME WE CAN POSSIBLY LIVE

SCHEDULE

6AM

7AM

8AM

9AM

10AM

11AM

12AM

1PM

2PM

3PM

4PM

5PM

6PM

7PM

TODAY'S TASKS

NOTES

TODAY

IS THE ONLY TIME WE CAN POSSIBLY LIVE

SCHEDULE

6AM

7AM

8AM

9AM

10AM

11AM

12AM

1PM

2PM

3PM

4PM

5PM

6PM

7PM

TODAY'S TASKS

NOTES

TODAY

IS THE ONLY TIME WE CAN POSSIBLY LIVE

SCHEDULE

6AM
_____

7AM
_____

8AM
_____

9AM
_____

10AM
_____

11AM
_____

12AM
_____

1PM
_____

2PM
_____

3PM
_____

4PM
_____

5PM
_____

6PM
_____

7PM
_____

TODAY'S TASKS

_____
_____
_____
_____
_____
_____

NOTES

_____
_____
_____
_____
_____
_____

TODAY

IS THE ONLY TIME WE CAN POSSIBLY LIVE

SCHEDULE

6AM

7AM

8AM

9AM

10AM

11AM

12AM

1PM

2PM

3PM

4PM

5PM

6PM

7PM

TODAY'S TASKS

NOTES

TODAY

IS THE ONLY TIME WE CAN POSSIBLY LIVE

SCHEDULE

6AM _____

7AM _____

8AM _____

9AM _____

10AM _____

11AM _____

12AM _____

1PM _____

2PM _____

3PM _____

4PM _____

5PM _____

6PM _____

7PM _____

TODAY'S TASKS

_____
_____
_____
_____
_____
_____

NOTES

_____
_____
_____
_____
_____

TODAY

IS THE ONLY TIME WE CAN POSSIBLY LIVE

SCHEDULE

6AM

7AM

8AM

9AM

10AM

11AM

12AM

1PM

2PM

3PM

4PM

5PM

6PM

7PM

TODAY'S TASKS

NOTES

TODAY

IS THE ONLY TIME WE CAN POSSIBLY LIVE

SCHEDULE

6AM _____

7AM _____

8AM _____

9AM _____

10AM _____

11AM _____

12AM _____

1PM _____

2PM _____

3PM _____

4PM _____

5PM _____

6PM _____

7PM _____

TODAY'S TASKS

_____

_____

_____

_____

_____

NOTES

_____

_____

_____

_____

_____

TODAY

IS THE ONLY TIME WE CAN POSSIBLY LIVE

SCHEDULE

6AM
_____

7AM
_____

8AM
_____

9AM
_____

10AM
_____

11AM
_____

12AM
_____

1PM
_____

2PM
_____

3PM
_____

4PM
_____

5PM
_____

6PM
_____

7PM
_____

TODAY'S TASKS

_____
_____
_____
_____
_____

NOTES

_____
_____
_____
_____
_____

TODAY

IS THE ONLY TIME WE CAN POSSIBLY LIVE

SCHEDULE

6AM
_____

7AM
_____

8AM
_____

9AM
_____

10AM
_____

11AM
_____

12AM
_____

1PM
_____

2PM
_____

3PM
_____

4PM
_____

5PM
_____

6PM
_____

7PM
_____

TODAY'S TASKS

_____
_____
_____
_____
_____
_____

NOTES

_____
_____
_____
_____
_____

TODAY

IS THE ONLY TIME WE CAN POSSIBLY LIVE

SCHEDULE

6AM

7AM

8AM

9AM

10AM

11AM

12AM

1PM

2PM

3PM

4PM

5PM

6PM

7PM

TODAY'S TASKS

NOTES

TODAY

IS THE ONLY TIME WE CAN POSSIBLY LIVE

SCHEDULE

6AM
_____

7AM
_____

8AM
_____

9AM
_____

10AM
_____

11AM
_____

12AM
_____

1PM
_____

2PM
_____

3PM
_____

4PM
_____

5PM
_____

6PM
_____

7PM
_____

TODAY'S TASKS

_____
_____
_____
_____
_____
_____

NOTES

_____
_____
_____
_____
_____
_____

TODAY

IS THE ONLY TIME WE CAN POSSIBLY LIVE

SCHEDULE

6AM
_____

7AM
_____

8AM
_____

9AM
_____

10AM
_____

11AM
_____

12AM
_____

1PM
_____

2PM
_____

3PM
_____

4PM
_____

5PM
_____

6PM
_____

7PM
_____

TODAY'S TASKS

_____
_____
_____
_____
_____

NOTES

_____
_____
_____
_____
_____

TODAY

IS THE ONLY TIME WE CAN POSSIBLY LIVE

SCHEDULE

6AM _____

7AM _____

8AM _____

9AM _____

10AM _____

11AM _____

12AM _____

1PM _____

2PM _____

3PM _____

4PM _____

5PM _____

6PM _____

7PM _____

TODAY'S TASKS

_____
_____
_____
_____
_____
_____

NOTES

_____
_____
_____
_____
_____
_____

TODAY

IS THE ONLY TIME WE CAN POSSIBLY LIVE

SCHEDULE

6AM

7AM

8AM

9AM

10AM

11AM

12AM

1PM

2PM

3PM

4PM

5PM

6PM

7PM

TODAY'S TASKS

NOTES

TODAY

IS THE ONLY TIME WE CAN POSSIBLY LIVE

SCHEDULE

6AM

_____

7AM

_____

8AM

_____

9AM

_____

10AM

_____

11AM

_____

12AM

_____

1PM

_____

2PM

_____

3PM

_____

4PM

_____

5PM

_____

6PM

_____

7PM

_____

TODAY'S TASKS

_____

_____

_____

_____

_____

_____

NOTES

_____

_____

_____

_____

_____

TODAY

IS THE ONLY TIME WE CAN POSSIBLY LIVE

SCHEDULE

6AM

7AM

8AM

9AM

10AM

11AM

12AM

1PM

2PM

3PM

4PM

5PM

6PM

7PM

TODAY'S TASKS

NOTES

TODAY

IS THE ONLY TIME WE CAN POSSIBLY LIVE

SCHEDULE

6AM

7AM

8AM

9AM

10AM

11AM

12AM

1PM

2PM

3PM

4PM

5PM

6PM

7PM

TODAY'S TASKS

NOTES

TODAY

IS THE ONLY TIME WE CAN POSSIBLY LIVE

SCHEDULE

6AM

7AM

8AM

9AM

10AM

11AM

12AM

1PM

2PM

3PM

4PM

5PM

6PM

7PM

TODAY'S TASKS

NOTES

TODAY

IS THE ONLY TIME WE CAN POSSIBLY LIVE

SCHEDULE

6AM
_____

7AM
_____

8AM
_____

9AM
_____

10AM
_____

11AM
_____

12AM
_____

1PM
_____

2PM
_____

3PM
_____

4PM
_____

5PM
_____

6PM
_____

7PM
_____

TODAY'S TASKS

_____
_____
_____
_____
_____
_____

NOTES

_____
_____
_____
_____
_____

TODAY

IS THE ONLY TIME WE CAN POSSIBLY LIVE

SCHEDULE

6AM _____

7AM _____

8AM _____

9AM _____

10AM _____

11AM _____

12AM _____

1PM _____

2PM _____

3PM _____

4PM _____

5PM _____

6PM _____

7PM _____

TODAY'S TASKS

_____

_____

_____

_____

_____

NOTES

_____

_____

_____

_____

_____

TODAY

IS THE ONLY TIME WE CAN POSSIBLY LIVE

SCHEDULE

6AM

7AM

8AM

9AM

10AM

11AM

12AM

1PM

2PM

3PM

4PM

5PM

6PM

7PM

TODAY'S TASKS

NOTES

TODAY

IS THE ONLY TIME WE CAN POSSIBLY LIVE

SCHEDULE

6AM

_____

7AM

_____

8AM

_____

9AM

_____

10AM

_____

11AM

_____

12AM

_____

1PM

_____

2PM

_____

3PM

_____

4PM

_____

5PM

_____

6PM

_____

7PM

_____

TODAY'S TASKS

_____

_____

_____

_____

_____

_____

NOTES

_____

_____

_____

_____

_____

_____

TODAY

IS THE ONLY TIME WE CAN POSSIBLY LIVE

SCHEDULE

6AM

7AM

8AM

9AM

10AM

11AM

12AM

1PM

2PM

3PM

4PM

5PM

6PM

7PM

TODAY'S TASKS

NOTES

TODAY

IS THE ONLY TIME WE CAN POSSIBLY LIVE

SCHEDULE

6AM
_____

7AM
_____

8AM
_____

9AM
_____

10AM
_____

11AM
_____

12AM
_____

1PM
_____

2PM
_____

3PM
_____

4PM
_____

5PM
_____

6PM
_____

7PM
_____

TODAY'S TASKS

_____
_____
_____
_____
_____
_____

NOTES

_____
_____
_____
_____
_____
_____

TODAY

IS THE ONLY TIME WE CAN POSSIBLY LIVE

SCHEDULE

6AM

7AM

8AM

9AM

10AM

11AM

12AM

1PM

2PM

3PM

4PM

5PM

6PM

7PM

TODAY'S TASKS

NOTES

TODAY

IS THE ONLY TIME WE CAN POSSIBLY LIVE

SCHEDULE

6AM

_____

7AM

_____

8AM

_____

9AM

_____

10AM

_____

11AM

_____

12AM

_____

1PM

_____

2PM

_____

3PM

_____

4PM

_____

5PM

_____

6PM

_____

7PM

_____

TODAY'S TASKS

_____

_____

_____

_____

_____

NOTES

_____

_____

_____

_____

_____

TODAY

IS THE ONLY TIME WE CAN POSSIBLY LIVE

SCHEDULE

6AM
_____

7AM
_____

8AM
_____

9AM
_____

10AM
_____

11AM
_____

12AM
_____

1PM
_____

2PM
_____

3PM
_____

4PM
_____

5PM
_____

6PM
_____

7PM
_____

TODAY'S TASKS

_____
_____
_____
_____
_____
_____

NOTES

_____
_____
_____
_____
_____
_____

TODAY

IS THE ONLY TIME WE CAN POSSIBLY LIVE

SCHEDULE

6AM

7AM

8AM

9AM

10AM

11AM

12AM

1PM

2PM

3PM

4PM

5PM

6PM

7PM

TODAY'S TASKS

NOTES

TODAY

IS THE ONLY TIME WE CAN POSSIBLY LIVE

SCHEDULE

6AM

7AM

8AM

9AM

10AM

11AM

12AM

1PM

2PM

3PM

4PM

5PM

6PM

7PM

TODAY'S TASKS

NOTES

TODAY

IS THE ONLY TIME WE CAN POSSIBLY LIVE

SCHEDULE

6AM

7AM

8AM

9AM

10AM

11AM

12AM

1PM

2PM

3PM

4PM

5PM

6PM

7PM

TODAY'S TASKS

NOTES

TODAY

IS THE ONLY TIME WE CAN POSSIBLY LIVE

SCHEDULE

6AM

_____

7AM

_____

8AM

_____

9AM

_____

10AM

_____

11AM

_____

12AM

_____

1PM

_____

2PM

_____

3PM

_____

4PM

_____

5PM

_____

6PM

_____

7PM

_____

TODAY'S TASKS

_____

_____

_____

_____

_____

_____

NOTES

_____

_____

_____

_____

_____

_____

TODAY

IS THE ONLY TIME WE CAN POSSIBLY LIVE

SCHEDULE

6AM

7AM

8AM

9AM

10AM

11AM

12AM

1PM

2PM

3PM

4PM

5PM

6PM

7PM

TODAY'S TASKS

NOTES

TODAY

IS THE ONLY TIME WE CAN POSSIBLY LIVE

SCHEDULE

6AM

7AM

8AM

9AM

10AM

11AM

12AM

1PM

2PM

3PM

4PM

5PM

6PM

7PM

TODAY'S TASKS

NOTES

TODAY

IS THE ONLY TIME WE CAN POSSIBLY LIVE

SCHEDULE

6AM

_____

7AM

_____

8AM

_____

9AM

_____

10AM

_____

11AM

_____

12AM

_____

1PM

_____

2PM

_____

3PM

_____

4PM

_____

5PM

_____

6PM

_____

7PM

_____

TODAY'S TASKS

_____

_____

_____

_____

_____

NOTES

_____

_____

_____

_____

_____

TODAY

IS THE ONLY TIME WE CAN POSSIBLY LIVE

SCHEDULE

6AM

_____

7AM

_____

8AM

_____

9AM

_____

10AM

_____

11AM

_____

12AM

_____

1PM

_____

2PM

_____

3PM

_____

4PM

_____

5PM

_____

6PM

_____

7PM

_____

TODAY'S TASKS

_____

_____

_____

_____

_____

NOTES

_____

_____

_____

_____

_____

TODAY

IS THE ONLY TIME WE CAN POSSIBLY LIVE

SCHEDULE

6AM

7AM

8AM

9AM

10AM

11AM

12AM

1PM

2PM

3PM

4PM

5PM

6PM

7PM

TODAY'S TASKS

NOTES

TODAY

IS THE ONLY TIME WE CAN POSSIBLY LIVE

SCHEDULE

6AM

7AM

8AM

9AM

10AM

11AM

12AM

1PM

2PM

3PM

4PM

5PM

6PM

7PM

TODAY'S TASKS

NOTES

TODAY

IS THE ONLY TIME WE CAN POSSIBLY LIVE

SCHEDULE

6AM

7AM

8AM

9AM

10AM

11AM

12AM

1PM

2PM

3PM

4PM

5PM

6PM

7PM

TODAY'S TASKS

NOTES

TODAY

IS THE ONLY TIME WE CAN POSSIBLY LIVE

SCHEDULE

6AM

7AM

8AM

9AM

10AM

11AM

12AM

1PM

2PM

3PM

4PM

5PM

6PM

7PM

TODAY'S TASKS

NOTES

TODAY

IS THE ONLY TIME WE CAN POSSIBLY LIVE

SCHEDULE

6AM

7AM

8AM

9AM

10AM

11AM

12AM

1PM

2PM

3PM

4PM

5PM

6PM

7PM

TODAY'S TASKS

NOTES

TODAY

IS THE ONLY TIME WE CAN POSSIBLY LIVE

SCHEDULE

6AM

7AM

8AM

9AM

10AM

11AM

12AM

1PM

2PM

3PM

4PM

5PM

6PM

7PM

TODAY'S TASKS

NOTES

TODAY

IS THE ONLY TIME WE CAN POSSIBLY LIVE

SCHEDULE

6AM

_____

7AM

_____

8AM

_____

9AM

_____

10AM

_____

11AM

_____

12AM

_____

1PM

_____

2PM

_____

3PM

_____

4PM

_____

5PM

_____

6PM

_____

7PM

_____

TODAY'S TASKS

_____

_____

_____

_____

_____

NOTES

_____

_____

_____

_____

_____

TODAY

IS THE ONLY TIME WE CAN POSSIBLY LIVE

SCHEDULE

6AM

_____

7AM

_____

8AM

_____

9AM

_____

10AM

_____

11AM

_____

12AM

_____

1PM

_____

2PM

_____

3PM

_____

4PM

_____

5PM

_____

6PM

_____

7PM

_____

TODAY'S TASKS

_____

_____

_____

_____

_____

NOTES

_____

_____

_____

_____

_____

TODAY

IS THE ONLY TIME WE CAN POSSIBLY LIVE

SCHEDULE

6AM

7AM

8AM

9AM

10AM

11AM

12AM

1PM

2PM

3PM

4PM

5PM

6PM

7PM

TODAY'S TASKS

NOTES

TODAY

IS THE ONLY TIME WE CAN POSSIBLY LIVE

SCHEDULE

6AM
_____

7AM
_____

8AM
_____

9AM
_____

10AM
_____

11AM
_____

12AM
_____

1PM
_____

2PM
_____

3PM
_____

4PM
_____

5PM
_____

6PM
_____

7PM
_____

TODAY'S TASKS

_____
_____
_____
_____
_____

NOTES

_____
_____
_____
_____
_____

TODAY

IS THE ONLY TIME WE CAN POSSIBLY LIVE

SCHEDULE

6AM
_____

7AM
_____

8AM
_____

9AM
_____

10AM
_____

11AM
_____

12AM
_____

1PM
_____

2PM
_____

3PM
_____

4PM
_____

5PM
_____

6PM
_____

7PM
_____

TODAY'S TASKS

_____
_____
_____
_____
_____

NOTES

_____
_____
_____
_____
_____

TODAY

IS THE ONLY TIME WE CAN POSSIBLY LIVE

SCHEDULE

6AM

_____

7AM

_____

8AM

_____

9AM

_____

10AM

_____

11AM

_____

12AM

_____

1PM

_____

2PM

_____

3PM

_____

4PM

_____

5PM

_____

6PM

_____

7PM

_____

TODAY'S TASKS

_____

_____

_____

_____

_____

NOTES

_____

_____

_____

_____

_____

TODAY

IS THE ONLY TIME WE CAN POSSIBLY LIVE

SCHEDULE

6AM	1PM
7AM	2PM
8AM	3PM
9AM	4PM
10AM	5PM
11AM	6PM
12AM	7PM

TODAY'S TASKS

NOTES

TODAY

IS THE ONLY TIME WE CAN POSSIBLY LIVE

SCHEDULE

6AM

7AM

8AM

9AM

10AM

11AM

12AM

1PM

2PM

3PM

4PM

5PM

6PM

7PM

TODAY'S TASKS

NOTES

TODAY

IS THE ONLY TIME WE CAN POSSIBLY LIVE

SCHEDULE

6AM

7AM

8AM

9AM

10AM

11AM

12AM

1PM

2PM

3PM

4PM

5PM

6PM

7PM

TODAY'S TASKS

NOTES

TODAY

IS THE ONLY TIME WE CAN POSSIBLY LIVE

SCHEDULE

6AM

7AM

8AM

9AM

10AM

11AM

12AM

1PM

2PM

3PM

4PM

5PM

6PM

7PM

TODAY'S TASKS

NOTES

TODAY

IS THE ONLY TIME WE CAN POSSIBLY LIVE

SCHEDULE

6AM

7AM

8AM

9AM

10AM

11AM

12AM

1PM

2PM

3PM

4PM

5PM

6PM

7PM

TODAY'S TASKS

NOTES

TODAY

IS THE ONLY TIME WE CAN POSSIBLY LIVE

SCHEDULE

6AM
_____

7AM
_____

8AM
_____

9AM
_____

10AM
_____

11AM
_____

12AM
_____

1PM
_____

2PM
_____

3PM
_____

4PM
_____

5PM
_____

6PM
_____

7PM
_____

TODAY'S TASKS

_____
_____
_____
_____
_____

NOTES

_____
_____
_____
_____

TODAY

IS THE ONLY TIME WE CAN POSSIBLY LIVE

SCHEDULE

6AM

7AM

8AM

9AM

10AM

11AM

12AM

1PM

2PM

3PM

4PM

5PM

6PM

7PM

TODAY'S TASKS

NOTES

TODAY

IS THE ONLY TIME WE CAN POSSIBLY LIVE

SCHEDULE

6AM

_____

7AM

_____

8AM

_____

9AM

_____

10AM

_____

11AM

_____

12AM

_____

1PM

_____

2PM

_____

3PM

_____

4PM

_____

5PM

_____

6PM

_____

7PM

_____

TODAY'S TASKS

_____

_____

_____

_____

_____

_____

NOTES

_____

_____

_____

_____

_____

_____

TODAY

IS THE ONLY TIME WE CAN POSSIBLY LIVE

SCHEDULE

6AM

7AM

8AM

9AM

10AM

11AM

12AM

1PM

2PM

3PM

4PM

5PM

6PM

7PM

TODAY'S TASKS

NOTES

TODAY

IS THE ONLY TIME WE CAN POSSIBLY LIVE

SCHEDULE

6AM

_____

7AM

_____

8AM

_____

9AM

_____

10AM

_____

11AM

_____

12AM

_____

1PM

_____

2PM

_____

3PM

_____

4PM

_____

5PM

_____

6PM

_____

7PM

_____

TODAY'S TASKS

_____
_____
_____
_____
_____
_____

NOTES

_____
_____
_____
_____
_____
_____

TODAY

IS THE ONLY TIME WE CAN POSSIBLY LIVE

SCHEDULE

6AM

7AM

8AM

9AM

10AM

11AM

12AM

1PM

2PM

3PM

4PM

5PM

6PM

7PM

TODAY'S TASKS

NOTES

TODAY

IS THE ONLY TIME WE CAN POSSIBLY LIVE

SCHEDULE

6AM
_____

7AM
_____

8AM
_____

9AM
_____

10AM
_____

11AM
_____

12AM
_____

1PM
_____

2PM
_____

3PM
_____

4PM
_____

5PM
_____

6PM
_____

7PM
_____

TODAY'S TASKS

_____
_____
_____
_____
_____
_____

NOTES

_____
_____
_____
_____
_____
_____

TODAY

IS THE ONLY TIME WE CAN POSSIBLY LIVE

SCHEDULE

6AM

7AM

8AM

9AM

10AM

11AM

12AM

1PM

2PM

3PM

4PM

5PM

6PM

7PM

TODAY'S TASKS

NOTES

TODAY

IS THE ONLY TIME WE CAN POSSIBLY LIVE

SCHEDULE

6AM

7AM

8AM

9AM

10AM

11AM

12AM

1PM

2PM

3PM

4PM

5PM

6PM

7PM

TODAY'S TASKS

NOTES

TODAY

IS THE ONLY TIME WE CAN POSSIBLY LIVE

SCHEDULE

6AM
_____

7AM
_____

8AM
_____

9AM
_____

10AM
_____

11AM
_____

12AM
_____

1PM
_____

2PM
_____

3PM
_____

4PM
_____

5PM
_____

6PM
_____

7PM
_____

TODAY'S TASKS

_____
_____
_____
_____
_____

NOTES

_____
_____
_____
_____
_____

TODAY

IS THE ONLY TIME WE CAN POSSIBLY LIVE

SCHEDULE

6AM	1PM
7AM	2PM
8AM	3PM
9AM	4PM
10AM	5PM
11AM	6PM
12AM	7PM

TODAY'S TASKS

NOTES

TODAY

IS THE ONLY TIME WE CAN POSSIBLY LIVE

SCHEDULE

6AM

7AM

8AM

9AM

10AM

11AM

12AM

1PM

2PM

3PM

4PM

5PM

6PM

7PM

TODAY'S TASKS

NOTES

TODAY

IS THE ONLY TIME WE CAN POSSIBLY LIVE

SCHEDULE

6AM	1PM
7AM	2PM
8AM	3PM
9AM	4PM
10AM	5PM
11AM	6PM
12AM	7PM

TODAY'S TASKS

NOTES

TODAY

IS THE ONLY TIME WE CAN POSSIBLY LIVE

SCHEDULE

6AM
_____

7AM
_____

8AM
_____

9AM
_____

10AM
_____

11AM
_____

12AM
_____

1PM
_____

2PM
_____

3PM
_____

4PM
_____

5PM
_____

6PM
_____

7PM
_____

TODAY'S TASKS

_____
_____
_____
_____
_____

NOTES

_____
_____
_____
_____
_____

TODAY

IS THE ONLY TIME WE CAN POSSIBLY LIVE

SCHEDULE

6AM

7AM

8AM

9AM

10AM

11AM

12AM

1PM

2PM

3PM

4PM

5PM

6PM

7PM

TODAY'S TASKS

NOTES

TODAY

IS THE ONLY TIME WE CAN POSSIBLY LIVE

SCHEDULE

6AM

7AM

8AM

9AM

10AM

11AM

12AM

1PM

2PM

3PM

4PM

5PM

6PM

7PM

TODAY'S TASKS

NOTES

TODAY

IS THE ONLY TIME WE CAN POSSIBLY LIVE

SCHEDULE

6AM
_____

7AM
_____

8AM
_____

9AM
_____

10AM
_____

11AM
_____

12AM
_____

1PM
_____

2PM
_____

3PM
_____

4PM
_____

5PM
_____

6PM
_____

7PM
_____

TODAY'S TASKS

_____
_____
_____
_____
_____

NOTES

_____
_____
_____
_____
_____

TODAY

IS THE ONLY TIME WE CAN POSSIBLY LIVE

SCHEDULE

6AM

7AM

8AM

9AM

10AM

11AM

12AM

1PM

2PM

3PM

4PM

5PM

6PM

7PM

TODAY'S TASKS

NOTES

TODAY

IS THE ONLY TIME WE CAN POSSIBLY LIVE

SCHEDULE

6AM

_____

7AM

_____

8AM

_____

9AM

_____

10AM

_____

11AM

_____

12AM

_____

1PM

_____

2PM

_____

3PM

_____

4PM

_____

5PM

_____

6PM

_____

7PM

_____

TODAY'S TASKS

_____

_____

_____

_____

_____

_____

NOTES

_____

_____

_____

_____

_____

_____

TODAY

IS THE ONLY TIME WE CAN POSSIBLY LIVE

SCHEDULE

6AM

7AM

8AM

9AM

10AM

11AM

12AM

1PM

2PM

3PM

4PM

5PM

6PM

7PM

TODAY'S TASKS

NOTES

TODAY

IS THE ONLY TIME WE CAN POSSIBLY LIVE

SCHEDULE

6AM	1PM
7AM	2PM
8AM	3PM
9AM	4PM
10AM	5PM
11AM	6PM
12AM	7PM

TODAY'S TASKS

NOTES

TODAY

IS THE ONLY TIME WE CAN POSSIBLY LIVE

SCHEDULE

6AM

7AM

8AM

9AM

10AM

11AM

12AM

1PM

2PM

3PM

4PM

5PM

6PM

7PM

TODAY'S TASKS

NOTES

TODAY

IS THE ONLY TIME WE CAN POSSIBLY LIVE

SCHEDULE

6AM

_____

7AM

_____

8AM

_____

9AM

_____

10AM

_____

11AM

_____

12AM

_____

1PM

_____

2PM

_____

3PM

_____

4PM

_____

5PM

_____

6PM

_____

7PM

_____

TODAY'S TASKS

_____
_____
_____
_____
_____
_____

NOTES

_____
_____
_____
_____
_____
_____

TODAY

IS THE ONLY TIME WE CAN POSSIBLY LIVE

SCHEDULE

6AM

7AM

8AM

9AM

10AM

11AM

12AM

1PM

2PM

3PM

4PM

5PM

6PM

7PM

TODAY'S TASKS

NOTES

TODAY

IS THE ONLY TIME WE CAN POSSIBLY LIVE

SCHEDULE

6AM

_____

7AM

_____

8AM

_____

9AM

_____

10AM

_____

11AM

_____

12AM

_____

1PM

_____

2PM

_____

3PM

_____

4PM

_____

5PM

_____

6PM

_____

7PM

_____

TODAY'S TASKS

_____

_____

_____

_____

_____

NOTES

_____

_____

_____

_____

_____

TODAY

IS THE ONLY TIME WE CAN POSSIBLY LIVE

SCHEDULE

6AM

7AM

8AM

9AM

10AM

11AM

12AM

1PM

2PM

3PM

4PM

5PM

6PM

7PM

TODAY'S TASKS

NOTES

TODAY

IS THE ONLY TIME WE CAN POSSIBLY LIVE

SCHEDULE

6AM

7AM

8AM

9AM

10AM

11AM

12AM

1PM

2PM

3PM

4PM

5PM

6PM

7PM

TODAY'S TASKS

NOTES

TODAY

IS THE ONLY TIME WE CAN POSSIBLY LIVE

SCHEDULE

6AM

7AM

8AM

9AM

10AM

11AM

12AM

1PM

2PM

3PM

4PM

5PM

6PM

7PM

TODAY'S TASKS

NOTES

TODAY

IS THE ONLY TIME WE CAN POSSIBLY LIVE

SCHEDULE

6AM

7AM

8AM

9AM

10AM

11AM

12AM

1PM

2PM

3PM

4PM

5PM

6PM

7PM

TODAY'S TASKS

NOTES

TODAY

IS THE ONLY TIME WE CAN POSSIBLY LIVE

SCHEDULE

6AM

_____

7AM

_____

8AM

_____

9AM

_____

10AM

_____

11AM

_____

12AM

_____

1PM

_____

2PM

_____

3PM

_____

4PM

_____

5PM

_____

6PM

_____

7PM

_____

TODAY'S TASKS

_____

_____

_____

_____

_____

NOTES

_____

_____

_____

_____

_____

TODAY

IS THE ONLY TIME WE CAN POSSIBLY LIVE

SCHEDULE

6AM
_____

7AM
_____

8AM
_____

9AM
_____

10AM
_____

11AM
_____

12AM
_____

1PM
_____

2PM
_____

3PM
_____

4PM
_____

5PM
_____

6PM
_____

7PM
_____

TODAY'S TASKS

_____
_____
_____
_____
_____
_____

NOTES

_____
_____
_____
_____
_____
_____

TODAY

IS THE ONLY TIME WE CAN POSSIBLY LIVE

SCHEDULE

6AM
_____

7AM
_____

8AM
_____

9AM
_____

10AM
_____

11AM
_____

12AM
_____

1PM
_____

2PM
_____

3PM
_____

4PM
_____

5PM
_____

6PM
_____

7PM
_____

TODAY'S TASKS

_____
_____
_____
_____
_____

NOTES

_____
_____
_____
_____
_____

TODAY

IS THE ONLY TIME WE CAN POSSIBLY LIVE

SCHEDULE

6AM
_____

7AM
_____

8AM
_____

9AM
_____

10AM
_____

11AM
_____

12AM
_____

1PM
_____

2PM
_____

3PM
_____

4PM
_____

5PM
_____

6PM
_____

7PM
_____

TODAY'S TASKS

_____
_____
_____
_____
_____

NOTES

_____
_____
_____
_____
_____

TODAY

IS THE ONLY TIME WE CAN POSSIBLY LIVE

SCHEDULE

6AM

7AM

8AM

9AM

10AM

11AM

12AM

1PM

2PM

3PM

4PM

5PM

6PM

7PM

TODAY'S TASKS

NOTES

TODAY

IS THE ONLY TIME WE CAN POSSIBLY LIVE

SCHEDULE

6AM

7AM

8AM

9AM

10AM

11AM

12AM

1PM

2PM

3PM

4PM

5PM

6PM

7PM

TODAY'S TASKS

NOTES

TODAY

IS THE ONLY TIME WE CAN POSSIBLY LIVE

SCHEDULE

6AM

7AM

8AM

9AM

10AM

11AM

12AM

1PM

2PM

3PM

4PM

5PM

6PM

7PM

TODAY'S TASKS

NOTES

TODAY

IS THE ONLY TIME WE CAN POSSIBLY LIVE

SCHEDULE

6AM

7AM

8AM

9AM

10AM

11AM

12AM

1PM

2PM

3PM

4PM

5PM

6PM

7PM

TODAY'S TASKS

NOTES

TODAY

IS THE ONLY TIME WE CAN POSSIBLY LIVE

SCHEDULE

6AM

7AM

8AM

9AM

10AM

11AM

12AM

1PM

2PM

3PM

4PM

5PM

6PM

7PM

TODAY'S TASKS

NOTES

TODAY

IS THE ONLY TIME WE CAN POSSIBLY LIVE

SCHEDULE

6AM

7AM

8AM

9AM

10AM

11AM

12AM

1PM

2PM

3PM

4PM

5PM

6PM

7PM

TODAY'S TASKS

NOTES

TODAY

IS THE ONLY TIME WE CAN POSSIBLY LIVE

SCHEDULE

6AM	1PM
7AM	2PM
8AM	3PM
9AM	4PM
10AM	5PM
11AM	6PM
12AM	7PM

TODAY'S TASKS

NOTES

TODAY

IS THE ONLY TIME WE CAN POSSIBLY LIVE

SCHEDULE

6AM

7AM

8AM

9AM

10AM

11AM

12AM

1PM

2PM

3PM

4PM

5PM

6PM

7PM

TODAY'S TASKS

NOTES

TODAY

IS THE ONLY TIME WE CAN POSSIBLY LIVE

SCHEDULE

6AM
_____

7AM
_____

8AM
_____

9AM
_____

10AM
_____

11AM
_____

12AM
_____

1PM
_____

2PM
_____

3PM
_____

4PM
_____

5PM
_____

6PM
_____

7PM
_____

TODAY'S TASKS

_____
_____
_____
_____
_____

NOTES

_____
_____
_____
_____
_____

TODAY

IS THE ONLY TIME WE CAN POSSIBLY LIVE

SCHEDULE

6AM

7AM

8AM

9AM

10AM

11AM

12AM

1PM

2PM

3PM

4PM

5PM

6PM

7PM

TODAY'S TASKS

NOTES

TODAY

IS THE ONLY TIME WE CAN POSSIBLY LIVE

SCHEDULE

6AM

7AM

8AM

9AM

10AM

11AM

12AM

1PM

2PM

3PM

4PM

5PM

6PM

7PM

TODAY'S TASKS

NOTES

TODAY

IS THE ONLY TIME WE CAN POSSIBLY LIVE

SCHEDULE

6AM

7AM

8AM

9AM

10AM

11AM

12AM

1PM

2PM

3PM

4PM

5PM

6PM

7PM

TODAY'S TASKS

NOTES

TODAY

IS THE ONLY TIME WE CAN POSSIBLY LIVE

SCHEDULE

6AM

_____

7AM

_____

8AM

_____

9AM

_____

10AM

_____

11AM

_____

12AM

_____

1PM

_____

2PM

_____

3PM

_____

4PM

_____

5PM

_____

6PM

_____

7PM

_____

TODAY'S TASKS

_____

_____

_____

_____

_____

_____

NOTES

_____

_____

_____

_____

_____

_____

TODAY

IS THE ONLY TIME WE CAN POSSIBLY LIVE

SCHEDULE

6AM

7AM

8AM

9AM

10AM

11AM

12AM

1PM

2PM

3PM

4PM

5PM

6PM

7PM

TODAY'S TASKS

NOTES